# BEI GRIN MACHT SICH IHR WISSEN BEZAHLT

- Wir veröffentlichen Ihre Hausarbeit, Bachelor- und Masterarbeit
- Ihr eigenes eBook und Buch - weltweit in allen wichtigen Shops
- Verdienen Sie an jedem Verkauf

Jetzt bei www.GRIN.com hochladen und kostenlos publizieren

**Bibliografische Information der Deutschen Nationalbibliothek:**

Die Deutsche Bibliothek verzeichnet diese Publikation in der Deutschen Nationalbibliografie; detaillierte bibliografische Daten sind im Internet über http://dnb.d-nb.de/ abrufbar.

Dieses Werk sowie alle darin enthaltenen einzelnen Beiträge und Abbildungen sind urheberrechtlich geschützt. Jede Verwertung, die nicht ausdrücklich vom Urheberrechtsschutz zugelassen ist, bedarf der vorherigen Zustimmung des Verlages. Das gilt insbesondere für Vervielfältigungen, Bearbeitungen, Übersetzungen, Mikroverfilmungen, Auswertungen durch Datenbanken und für die Einspeicherung und Verarbeitung in elektronische Systeme. Alle Rechte, auch die des auszugsweisen Nachdrucks, der fotomechanischen Wiedergabe (einschließlich Mikrokopie) sowie der Auswertung durch Datenbanken oder ähnliche Einrichtungen, vorbehalten.

**Impressum:**

Copyright © 2014 GRIN Verlag, Open Publishing GmbH
Druck und Bindung: Books on Demand GmbH, Norderstedt Germany
ISBN: 9783668270022

**Dieses Buch bei GRIN:**

http://www.grin.com/de/e-book/337683/doping-in-der-mathearbeit-substanzen-methoden-nachweise-und-verbreitung

Alexander Minor

**Aus der Reihe: e-fellows.net stipendiaten-wissen**

e-fellows.net (Hrsg.)

Band 2047

# Doping in der Mathearbeit? Substanzen, Methoden, Nachweise und Verbreitung von (Gehirn-)Doping

GRIN Verlag

**GRIN - Your knowledge has value**

Der GRIN Verlag publiziert seit 1998 wissenschaftliche Arbeiten von Studenten, Hochschullehrern und anderen Akademikern als eBook und gedrucktes Buch. Die Verlagswebsite www.grin.com ist die ideale Plattform zur Veröffentlichung von Hausarbeiten, Abschlussarbeiten, wissenschaftlichen Aufsätzen, Dissertationen und Fachbüchern.

**Besuchen Sie uns im Internet:**

http://www.grin.com/

http://www.facebook.com/grincom

http://www.twitter.com/grin_com

# Doping...

... und seine Substanzen, Methoden, Nachweise und Verbreitung

... und können sich auch Schüler dopen?

Eine Hausarbeit von Alexander Minor

Gymnasium Auf der Morgenröthe

Grundkurs Sport 1, Q1, Schuljahr 2013/2014

## Inhaltsverzeichnis

| | | |
|---|---|---|
| 1 | **Sportliche Leistung als komplexes Leistungsgefüge** | 3 |
| 2 | **Was ist Doping?** | 4 |
| 3 | **Die Substanzen** | 4 |
| 3.1 | Anabolika............................................................................ | 4 |
| 3.2 | Stimulantien........................................................................ | 5 |
| 3.3 | Hormone und hormonähnliche Stoffe................................. | 6 |
| 4 | **Die Methoden** | 7 |
| 4.1 | Blutdoping........................................................................... | 7 |
| 4.2 | Gendoping........................................................................... | 7 |
| 4.3 | Manipulation von Proben.................................................... | 8 |
| 5 | **Doping im Spitzensport** | 8 |
| 6 | **Doping im Breitensport** | 9 |
| 7 | **Doping in der Mathearbeit? - Gehirndoping** | 10 |
| 8 | **Schlussbetrachtung** | 11 |
| 9 | **Literaturverzeichnis** | 12 |

# 1  Sportliche Leistung als komplexes Leistungsgefüge

Diese Arbeit wird von Doping handeln. Bevor es jedoch definiert und auf Details eingegangen wird, soll folgende Grafik dargelegt werden:

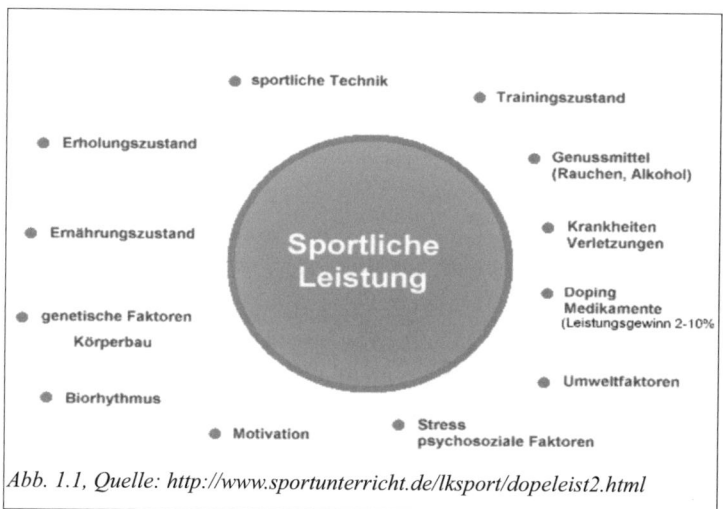

Abb. 1.1, Quelle: http://www.sportunterricht.de/lksport/dopeleist2.html

Auf der angegebenen Internetseite wird sportliche Leistung als „komplexes Leistungsgefüge" bezeichnet. Die Grafik zeigt die Faktoren, die die sportliche Leistung positiv wie negativ beeinflussen können. Nimmt man das Beispiel „Umweltfaktoren", kann man sagen, dass sich bei einer Sportart, die im Freien ausgeübt wird, extreme Hitze negativ, mildes Klima jedoch positiv auswirken kann.

Faktoren wie Ernährungs- und Trainingszustand oder sportliche Technik können vom Sportler selbst beeinflusst werden. Hier erkennt man schon, dass der Faktor „Doping" nur einer von vielen ist, und dass die erwünschte Wirkung sorgfältig mit gesundheitlichen Risiken, aber auch rechtlichen Folgen abgewogen werden sollte.

Da Doping dennoch ein häufig diskutiertes Thema ist und anscheinend viele Sportler im Spitzen- und Breitensport, aber auch „privat", zum Beispiel in Fitnessstudios dopen, sollte es sich lohnen, diese Arbeit zu verfassen und sich mit den unterschiedlichen Aspekten des Dopings auseinanderzusetzen.

Ein ebenfalls sehr spannendes Thema ist das mittlerweile „in Mode" geratene „Gehirndoping", auf das später auch näher eingegangen wird.

## 2   Was ist Doping?

Im Jahr 1989 wurde das „Europäische Übereinkommen gegen Doping" und 2002 ein weiteres Zusatzprotokoll verfasst. Die Bundesrepublik Deutschland hat beiden Übereinkommen zugestimmt. Nach Artikel 2 dieses Übereinkommens bedeutet Doping:

> „Die Verabreichung pharmakologischer Gruppen von Dopingwirkstoffen oder Dopingmethoden an Sportler und Sportlerinnen oder die Anwendung solcher Wirkstoffe oder Methoden durch diese Personen"

Maßgeblich ist allerdings der „WADA-Code", der „Welt-Anti-Doping-Code", der 2003 entworfen wurde. Er wird von dem deutschen Nationalen Olympischen Komitee und der Nationalen Anti-Doping-Agentur akzeptiert. In ihm steht, dass Doping ein Verstoß gegen eine Anti-Doping-Bestimmung sei, wie zum Beispiel das Feststellen bestimmter Stoffe oder bestimmter Stoffkonzentrationen in Proben der Sportler, der Versuch, bestimmte Stoffe zu benutzen (selbst wenn sie nicht zum Erfolg führen) oder der Besitz bestimmter Stoffe.

## 3   Die Substanzen
### 3.1   Anabolika

Anabolika oder auch „anabol-androgene Steroide" kommen den meisten Menschen vermutlich als erstes in den Sinn, wenn sie an Doping denken. Sie sind wohl eines der populärsten Dopingmittel, obwohl sie seit den 80er-Jahren bereits „gut nachweisbar"[1] sind.

Die Grundsubstanz von Anabolika ist das Testosteron, das männliche Sexualhormon („Androgen"). Es soll durch mehr Muskelaufbau und Fettabbau den Faktor „Körperbau" positiv beeinflussen und durch die Vermehrung von Erythrozyten und der Hämoglobinkonzentration künstlich einen besseren Trainingszustand hervorrufen.

Dennoch ist die Wirkung der synthetischen Stoffe bis heute nicht gesichert[2], lediglich die Nebenwirkungen sind nicht widerlegbar. Diese sind Schäden des

---

1   Vgl.: Müller, Rudhard Klaus: Doping, S. 41
2   Vgl.: Feiden/Blasius: Doping im Sport, S. 7

Herz-Kreislauf-Systems und der Leber, Wassereinlagerungen und Stimmungsveränderungen. Eine nicht zu unterschätzende Nebenwirkung ist die psychische Abhängigkeit. Bei Frauen tritt eine „Vermännlichung" durch männliche Behaarung, eine tiefere Stimme und einer Veränderung des Menstruationszyklus ein, bei Männern hingegen kann es zum Beispiel zu Brustwachstum führen[3].

Die tatsächliche Wirkung rührt wahrscheinlich aus einer verbesserten Motivation durch ein erhöhtes Aggressionspotential und einer verbesserten Regenerationsfähigkeit. Damit würden tatsächlich weitere Faktoren des „Leistungsgefüges" positiv beeinflusst werden.

Alle Anabolika unterliegen in Deutschland der Verschreibungspflicht. Einige Präparate sind in Amerika jedoch frei erhältlich und können somit wesentlich leichter auf den Schwarzmarkt gelangen.

### 3.2 Stimulantien

Stimulantien, oder auch „Aufputschmittel"[4] sind nur im Wettkampf verboten[5]. Unterschiedlichste Mittel erreichen durch eine Erweiterung der Bronchien eine bessere Sauerstoffaufnahme, erhöhen die Herzkraft und -Frequenz und optimieren die Stoffwechselaktivität. Außerdem wird die Ermüdungsschwelle angehoben. Sie beeinflussen also die Faktoren Biorhythmus, Erholungszustand und in gewisser Weise die Motivation.

Da Stimulantien zur Leistungssteigerung in der Regel in sehr hohen Dosen konsumiert werden, steigen auch die Gefahren von Nebenwirkungen. Diese sind Psychosen, Halluzinationen, starke Abhängigkeit und das Zusammenbrechen des Herz-Kreislauf-Systems, zum Beispiel durch völlige Erschöpfung.

Ein interessanter Aspekt ist, dass Stimulantien teilweise unbewusst eingenommen werden oder auch recht „gebräuchliche" Mittel sind. In [illegalen] Schlankheitskapseln kann zum Beispiel der Wirkstoff Sibutramin enthalten sein und sogar Coffein, das die Ausdauerleistung im mittleren Belastungsbereich verbessert, ist erst seit 2004 nicht mehr verboten[6].

---

3 Alle vgl.: Feiden/Blasius: Doping im Sport, S. 7
4 Vgl.: Müller, Rudhard Klaus: Doping, S. 38
5 Vgl. Feiden/Blasius: Doping im Sport, S. 23
6 Feiden/Blasius: Doping im Sport, S. 24

Auf der anderen Seite fallen auch „Partydrogen" wie Ecstasy oder Amphetamine unter die Gruppe der Stimulantien[7].

Häufig werden Stimulantien mit Narkotika kombiniert, um zusätzlich Schmerzsignale zu unterdrücken.

### 3.3 Hormone und hormonähnliche Stoffe

Hormone sind Stoffe, die auch vom Körper selbst hergestellt werden. Sie erfüllen eine Reihe wichtiger Aufgaben im menschlichen Körper. Daher ist es bei ihnen besonders schwierig, sie nachzuweisen, weshalb sie die Anabolika „weitgehend verdrängt"[8] haben.

Häufig verwendet wird zum Beispiel Insulin. Es soll die Stoffwechselaktivität verbessern. In Verbindung mit Anabolika verhindert es deren Abbau. Auch hier ist die Wirksamkeit jedoch nicht bestätigt, jedoch können lebensgefährliche Nebenwirkungen durch einen Abfall des Blutzuckerspiegels auftreten.

Eines der bekanntesten Hormone, die zum Doping verwendet werden, ist das Erythropoetin, kurz Epo. Es erhöht die Produktion von Erythrozyten und wird deshalb häufig von Ausdauersportlern eingesetzt.

Epo kann dadurch nachgewiesen werden, dass der Feststoffgehalt im Blut („Hämatokrit") deutlich höher ist und man unnatürlich hohe Konzentrationen im Blut des Sportlers findet.

Dies war nur eine Auswahl der am häufigsten verwendeten Mittel. Tatsächlich gibt es noch viele weitere Stoffklassen und Substanzen, die diverse Wirkungen erzielen sollen. Allen gemein sind oft unkalkulierbare Nebenwirkungen und Langzeitfolgen. Auch können die Stoffe verunreinigt sein und somit weitere Nebenwirkungen aufweisen.

---

[7] Müller, Rudhard Klaus: Doping, S. 39
[8] Feiden/Blasius: Doping im Sport, S. 11

# 4 Die Methoden

## 4.1 Blutdoping

Blutdoping wird mit der Absicht durchgeführt, die Anzahl der roten Blutkörperchen zu steigern und somit einen verbesserten Sauerstofftransport zu erreichen. Konkret kann dazu fremdes Blut per Infusion zugeführt werden. Aufgrund hoher Gefahren wie Thrombosen oder der Übertragung von Krankheiten wird am häufigsten wohl die Eigenbluttransfusion durchgeführt. Dazu wird dem Sportler bis zu 1 Liter Blut entnommen und aufbewahrt. In der Zeit bis zum Wettkampf gleicht der Körper die verlorene Zahl roter Blutkörperchen wieder aus. Wird dann das gelagerte Blut zugeführt, ist die tatsächliche Anzahl roter Blutkörperchen größer[9].

Überführt werden kann diese Methode durch auffällige Hämatokrit-Werte. Um dem entgegenzuwirken, können weitere Substanzen, wie Plasmaexpander verwendet werden. Diese können mittlerweile jedoch auch nachgewiesen werden[10].

## 4.2 Gendoping

„Gendoping" klingt im ersten Moment etwas fremd und seltsam, doch offensichtlich ist die Gentechnik mittlerweile auch im Sport und in der Dopingszene angekommen. Gene können aktiviert, addiert, verstärkt, angeschwächt oder sogar blockiert werden. Möglich gemacht wird dies durch bestimmte Substanzen, die normalerweise für Gentherapien in der Medizin vorgesehen sind. Dabei können sogar einzelne Genabschnitte durch leere Viren-Hüllen in den menschlichen Körper eingebracht werden[11].

Hier muss ich das erste Mal erwähnen, dass die Doping-Analytiker keine zuverlässigen Methoden haben, diese Art von Doping nachzuweisen. Lediglich einzelne Substanzklassen konnten bis jetzt in die WADA-Verbotsliste eingetragen werden.

---

9 Vgl. Feiden/Blasius: Doping im Sport, S. 28
10 Vgl. Müller, Rudhard Klaus: Doping, S. 49
11 Vgl. Feiden/Blasius: Doping im Sport, S. 33

Ziele der Methode sind zum Beispiel verbesserte Stoffwechselaktivitäten oder wieder ein besseres Verhältnis der Blutbestandteile.

In der Medizin ist es jedoch nicht anders als im Gemüseanbau: Über die Folgen ist man sich absolut unklar und mögliche Risiken und Nebenwirkungen sind unkalkulierbar.

### 4.3  Manipulation von Proben

Unter „Manipulation von Proben" fallen alle Methoden, die einzig und allein dazu angewendet werden, um das Doping nicht auffallen zu lassen.

Dies fängt bereits bei der Probenentnahme an: Da bei der Abgabe von Urinproben, was die gängige Praxis ist, bereits zugesehen werden muss, besteht die Möglichkeit, seine Blase vorher über einen Katheter mit fremdem oder „sauberem" Urin zu füllen.

Da einige Substanzen dadurch identifiziert werden, dass sie in einem unnatürlichen Verhältnis zu anderen körpereigenen Substanzen stehen, können diese Vergleichsstoffe auch vorher verabreicht werden.

Eine weitere Möglichkeit, Doping zu verheimlichen, ist, Diuretika (entwässernde Mittel) zu verabreichen, um den Urin zu verdünnen. Allerdings können diese Mittel mittlerweile nachgewiesen werden, und die Dichte des Urins wird bei dem Screening mit berücksichtigt[12].

### 5  Doping im Spitzensport

Um über Doping im Spitzensport zu reden, sollte man vorher kurz das System zur Förderung des Spitzensports skizzieren.

Sehr begabte Sportler können in Deutschland über das sogenannte „Kader-System" aufsteigen. Dadurch kann man sozusagen von einer ganz regionalen Ebene auf die Ebene der Spitzenverbände sowie von Land und Bund aufsteigen. Ist man „oben angekommen", wird man von genau diesen Geldgebern finanziert. Damit ist unvermeidbar eine gewisse Erwartungshaltung gegenüber dem Sportler geschaffen, die viel Druck ausüben kann, wodurch die Versuchung, seine Leistung auch mit illegalen Mitteln zu verbessern, größer

---

12  Vgl. Müller, Rudhard Klaus: Doping, S. 49

wird.

Ein Beispiel für die Bekämpfung von Doping im Spitzensport ist das Anti-Doping-Programm der Stiftung Deutsche Sporthilfe. Diese finanziert Spitzensportler und bringt regelmäßig Sieger von Medaillen bei Olympischen Spielen hervor. Sie lässt ihre Sportler zum Beispiel einen Eid „schwören" und die Sportler müssen damit einverstanden sein, dass bei ihnen Proben entnommen werden.

Zu den konkreten Maßnahmen gegen Doping kommt die soziologische Sicht[13] hinzu: Wird es öffentlich gemacht, dass ein Spitzensportler auch nur verdächtigt wird, Doping zu betreiben, kann sein öffentliches Ansehen stark darunter leiden. Außerdem steht Doping im „grundlegenden Widerspruch zum Geist des Sports"[14].

## 6  Doping im Breitensport

Salopp kann man sagen, dass jeder, der schon mal in einem Fitnessstudio regelmäßig trainiert hat, Kontakt zu leistungssteigernden Mitteln hatte.

Auf Papier gebracht haben dies die „Lübecker Studie" und die „Multicenter-Studie". Von 204 befragten Männern (die in Sportstudios trainieren) haben 24% schonmal entsprechende Medikamente genommen. Unter diesen wurden hauptsächlich Anabolika und Stimulantien verwendet.

Nahezu alle Befragten gaben an, dass es einfach ist, an die Substanzen zu kommen, sei es im Fitnessstudio oder selbst in Schulen. Dieser Punkt reicht meines Erachtens aus, um sagen zu können, dass auch Schüler dopen können, vor allem, weil es gerade die jungen Sportler sind, die in dem Kader-System aufsteigen wollen und können.

Weitere Beschaffungsquellen waren Trainer und Ärzte[15].

Im Gegensatz zum Bereich des Spitzensports ist im Prinzip nicht mit einer sportrechtlichen Verfolgung zu rechnen, wenn man Doping im privaten Umfeld betreibt. Auf der anderen Seite sind die verwendeten Substanzen in aller Regel illegal, was allerdings schon rechtliche Konsequenzen nach sich ziehen kann.

---

13  Feiden/Blasius: Doping in Sport, S. 61
14  Ebenda, S. 60
15  Ebenda, S. 65-67

# 7   Doping in der Mathearbeit? - Gehirndoping

Ein ganz neuer Aspekt dieser Arbeit, den ich kurz anschneiden möchte, ist das „Gehirndoping". Es gerät ebenfalls immer mehr „in Mode".

Anwendung findet das Gehirndoping nicht im Sport, sondern unter Schülern, Studenten oder auch Arbeitnehmern. Ziel ist es, eine geistig mentale Leistungssteigerung zu erreichen, um als Schüler oder Student zum Beispiel mehr und besser lernen zu können, oder um als Arbeitnehmer länger, besser und unter Druck arbeiten zu können.

Verwendet werden hierzu Psychopharmaka oder neuro-aktive Substanzen. Das Bekannteste ist sicherlich „Ritalin" oder Methylphenidat. Die Beschaffung erfolgt allerdings fast ausschließlich über das Internet.

Die Einnahme von zum Beispiel Methylphenidat, das normalerweise bei hyperaktiven Kindern (Kinder mit ADHS) Verwendung findet, bewirkt beim gesunden Menschen regelrechte Konzentrationsschübe und die Ausblendung von Ablenkungen.

Gefahren sind hier zum Beispiel eine verminderte Hirndurchblutung, die sogar zur Unterversorgung führen kann und mit sehr großer Wahrscheinlichkeit entsteht eine starke Abhängigkeit.

Außerdem können auch hier die illegalen Mittel verunreinigt sein oder sie können nicht richtig dosiert werden.

Unter der Fragestellung, ob sich auch Schüler dopen können, gewinnt diese Form der Leistungssteigerung sicherlich ebenfalls einen hohen Stellenwert. Durch doppelte oder geburtenreiche Jahrgänge steigen die NCs der Hochschulen an und ein gutes Abitur erlangt im Leben eines manchen Schülers höchsten Stellenwert. Außerdem ist der schulische Druck besonders durch zum Beispiel das G8-Modell durchgängig auf einem hohen Level.

# 8 Schlussbetrachtung

Abschließend kann ich sagen, dass diese Ausarbeitung zum Thema Doping einen persönlichen Gewinn für mich darstellt. Es ist mir meiner Ansicht nach gelungen, viele Aspekte des Themas darzustellen und gerade die Begriffe, die man mit dem Thema in Verbindung bringt, auszuleuchten.

Zu dem Thema an sich kann man sagen, dass es, wie im ersten Kapitel dargelegt, eine Menge Faktoren gibt, die die sportliche Leistung beeinflussen. Informiert man sich sowohl über rechtliche Folgen des Dopings, als auch über die weitaus beachtlicheren gesundheitlichen Folgen, so sollte man meiner Meinung nach darauf verzichten. Doping steht im Widerspruch zum Geist des Sports und verhindert faire Wettkämpfe.

# 9 Literaturverzeichnis

Feiden, Karl; Blasius, Helga: Doping im Sport – Wer – Womit – Warum. 1. Auflage, Wissenschaftliche Verlagsgesellschaft mbH, Stuttgart 2002

Feiden, Karl; Blasius, Helga: Doping im Sport – Wer – Womit – Warum. 2. Auflage, Wissenschaftliche Verlagsgesellschaft mbH, Stuttgart 2008

Müller, Rudhard Klaus: Doping – Methoden, Wirkungen, Kontrolle. Originalausgabe, C.H. Beck oHG, München 2004

Müller-Platz, Carl: Leistungsmanipulation – Eine Gefahr für unsere Sportler. 1. Auflage, Bundesinstitut für Sportwissenschaft – Wissenschaftliche Berichte und Materialien, Köln 1999

**Internetquellen:**

http://www.sportunterricht.de/lksport/dopeleist2.html, zuletzt eingesehen am 28.04.2014

# BEI GRIN MACHT SICH IHR WISSEN BEZAHLT

- Wir veröffentlichen Ihre Hausarbeit, Bachelor- und Masterarbeit

- Ihr eigenes eBook und Buch - weltweit in allen wichtigen Shops

- Verdienen Sie an jedem Verkauf

Jetzt bei www.GRIN.com hochladen und kostenlos publizieren